Páginas difíceis dos **Evangelhos**

ESTEVÃO BETTENCOURT

Páginas difíceis dos **Evangelhos**

5ª edição

QUADRANTE

Capa
Gabriela Haeitmann

Dados Internacionais de Catalogação na Publicação (CIP)

Bettencourt, Estêvão, O.S.B.
Páginas difíceis do Evangelho / Estêvão Bettencourt — 5ª ed. — São Paulo: Quadrante, 2025.

ISBN: 978-85-7465-919-0

1. Bíblia. Evangelho – Crítica, interpretação, etc. 2. Cristianismo I. Título

CDD-206.06

Índice para catálogo sistemático:
1. Evangelho – Crítica, interpretação, etc.:
Cristianismo 206.06

QUADRANTE EDITORA
Rua Bernardo da Veiga, 47 - Tel.: 3873-2270
CEP 01252-020 - São Paulo - SP
www.quadrante.com.br / atendimento@quadrante.com.br

SUMÁRIO

NÃO VIM TRAZER A PAZ, MAS A ESPADA

> *Não julgueis que vim trazer a paz à terra; não vim trazer a paz, mas a espada. Porque vim colocar o homem em oposição a seu pai, a filha contra sua mãe, e a nora contra sua sogra. O homem terá por inimigos os próprios membros da sua família, O que ama seu pai ou sua mãe mais do que a mim, não é digno de mim. O que ama o filho ou a filha mais do que a mim, não é digno de mim* (Mt 10, 34-37).

Os dizeres de Cristo neste texto, por seu teor desconcertante e suas várias facetas, visam — em estilo semita muito vivo — incutir uma grande lição: a excelência única da pessoa e da obra do Senhor. A pessoa e a obra de Cristo exigem do homem uma tomada de posição absoluta, não tolerando "compromissos" com valores heterogêneos; requerem a dedicação que só as coisas de Deus podem reivindicar para si. A fim de melhor apreciar o alcance de tal exigência, analisaremos as diversas partes do texto citado.

A PAZ E A ESPADA

Jesus começa por afirmar: *Não julgueis que vim trazer a paz à terra; não vim trazer a paz, mas a espada.*

Com esta declaração, Cristo parece ter querido, antes de mais nada, aprimorar as concepções messiânicas dos antigos judeus. Estes admitiam que a vinda do Messias na plenitude dos tempos seria imediatamente precedida de grandes catástrofes e aflições, as chamadas "Dores do Messias" (*habêlê meshiah*), comparáveis às dores do parto — aliás, é a essas dores messiânicas que o texto do Evangelho de São Mateus se refere no capítulo 24, v. 8.

Contudo, conforme os judeus, o Messias deveria apaziguar os ânimos e extinguir todas as rixas e guerras logo que aparecesse; restauraria sem demora a harmonia paradisíaca violada pelo pecado de Adão e Eva, e assim se originaria um mundo novo. O próprio Messias, em consequência, era chamado *Paz* (Mq 5, 4) e o *Príncipe da Paz* (Is 9, 5).[1]

Ora, justamente ao contrário do que esperavam os rabinos, Jesus no Evangelho anuncia o sábio plano de Deus: o Senhor houve por bem restaurar a ordem, não de maneira repentina e imediata, mas em termos lentos, ou seja, durante todo o período de tempo que vai da primeira à segunda vinda de Cristo. Sim, a Providência divina quis primeiro, mediante a pregação de Cristo, apresentar ao mundo a mensagem da Redenção, e a seguir solicitar de cada indivíduo, através dos séculos, uma tomada de posição

1 Alguns textos rabínicos ilustram bem essa concepção: "Na semana de anos em que há de vir o Filho de Davi, as guerras se desencadearão no sétimo ano; no fim desse sétimo ano, o Filho de Davi virá" (*Sanhedrin* 97a). Ou também este outro, em que o Rabi Eleazer bar Abina (cerca de 340 d.C.), referindo antiga tradição, declara: "Quando vires um reino erguer-se contra outros, ficarás sabendo que a vinda do Messias está próxima. [...] Nos dias de Abraão, os reinos erguiam-se uns contra os outros; foi então que Abraão conheceu a salvação" (cf. Strack-Billerbeck, *Kommentar*, I, p. 585).

consciente e livre — digna da natureza humana — diante dessa mensagem.

Esse "solicitar" vai-se protraindo até hoje, até o dia em que a Sabedoria divina houver por bem encerrar o curso da história, dando ao gênero humano o pleno triunfo sobre a morte — mediante a ressurreição dos corpos — e sobre as demais consequências do pecado — renovação da natureza irracional, céus novos e terra nova —, então estará consumada a obra da Redenção.

Entrementes, a opção "por Cristo" ou "contra Cristo" é opção "por Deus" ou "contra Deus", pela vida — verdadeira, eterna — ou pela morte. Quem escolhe Cristo e a vida deve necessariamente empenhar toda a sua personalidade, não pode mercadejar nem pode pactuar com algum outro bem, pois fora de Deus — Cristo — e da vida, nada é bom; Deus e a vida são o pressuposto para que o homem encontre alegria em alguma criatura. É somente quando amados segundo Deus que os bens deste mundo podem oferecer deleite ao ser humano.

As exigências da adesão clara e total a Deus são formuladas por Jesus mediante uma expressão que, por ser muito enfática, se torna quase paradoxal: *Vim trazer a espada...* Isto não quer dizer que o Senhor tenha tido a intenção de pregar a guerra e agitar os povos. Muito pelo contrário: Ele veio trazer a "Boa Nova", a notícia da restauração da harmonia.

Infelizmente, porém, essa mensagem encontrou um mundo de consciências embotadas para os verdadeiros valores, um mundo pronto a hostilizar quem quer que viesse sacudir o seu comodismo mórbido, pregando um ideal mais puro e elevado. Em consequência, aqueles que aceitam a mensagem de Cristo têm que assumir simultaneamente o risco de lutar e morrer por causa da sua adesão ao Senhor.

É justamente esse risco que a imagem da espada simboliza; ela ilustra bem quanto o cristão, pela sua própria vocação de cristão, é alheio a qualquer compromisso covarde ou a qualquer tipo de indiferentismo oportunista.

OS INIMIGOS SERÃO OS DA SUA CASA

Nos versículos seguintes, o Senhor desenvolve ainda mais a fundo o seu pensamento: *Vim colocar o homem em oposição a seu pai, a filha contra sua mãe, e a nora contra sua sogra. O homem terá por inimigos os próprios membros da sua família. Quem ama seu pai ou sua mãe mais do que a mim, não é digno de mim.*

Para inculcar que a mensagem do Evangelho visa realmente ao bem fundamental entre todos, o Senhor se refere aos valores que o coração humano aprecia mais espontaneamente: os laços muito ternos existentes entre pais e filhos, entre sogra e nora, entre familiares e amigos íntimos, pessoas que chegam a compartilhar o mesmo teto e o mesmo pão. Tais vínculos, por muito que pareçam impor-se a todo e qualquer ser humano, devem, em caso de conflito, ceder incondicionalmente ao amor de Cristo, mesmo que isso acarrete expulsão de casa, sonegação dos bens, etc.

Está claro que o cristão não tem o direito de provocar, por causa do Senhor, divisões e rupturas em casa ou na sociedade. Frisemo-lo bem: a religião tende a unir, não a separar. Contudo, ao discípulo de Cristo não é lícito hesitar em aceitar todas as consequências e represálias que possam decorrer de uma tomada de posição bem coerente no setor da religião.[2]

A posição de Cristo e do cristão, que por si são os arautos da verdadeira paz e ordem, mas não obstante se tornam alvo de contradição, é bem ilustrada pelas palavras de São Paulo: *Graças sejam dadas a Deus, que [...] por nosso intermédio difunde por toda a parte o odor do seu conhecimento, pois somos [...] o bom odor de Cristo*

2 A história, de resto, indica múltiplos episódios em que efetivamente os familiares se voltaram contra um cristão por motivos religiosos. Recorde-se o que se deu, por exemplo, com Tito Flávio Clemente, primo do Imperador Domiciano: nomeado cônsul em 95, foi nesse mesmo ano condenado à morte por delito de "ateísmo" (título que se dava ao cristianismo, infenso aos deuses oficiais de Roma). A sua esposa, Flávia Domitila, sofreu a mesma sorte por idêntico motivo.

Compreende-se que os familiares se possam tornar os mais requintados inimigos de uma pessoa: conhecem melhor do que os estranhos os hábitos dessa pessoa e, em consequência, sabem melhor como podem causar-lhe dor e prejuízo.

entre os que se salvam e os que se perdem: para uns, odor que da morte leva à morte; para outros, odor que da vida leva à vida (2 Cor 2, 14-16).

Com efeito, Cristo e o cristão, anunciando a "Boa Nova", propagam um suave perfume, apto por si a fazer bem a todos os que o percebem, isto é, apto a corroborar a vida sobrenatural em todos os homens. Há, porém, organismos de tal modo afetados pela doença que o remédio, em vez de lhes ser útil, só serve para lhes acelerar a morte. Tal é o caso dos que se obstinam no erro moral e religioso: a apresentação da Verdade que o cristão lhes faça por suas palavras, ou simplesmente pela sua vida reta, provoca neles uma obcecação mortal.

O discípulo de Cristo não tem culpa disso, desde que não tome atitudes afetadas, mas simplesmente se comporte como cristão consequente com os seus princípios. Requer-se, porém, grande prudência e discrição por parte dos fiéis, para — de um lado — não provocar inutilmente o mau ânimo e o endurecimento dos não cristãos; e, por outro, para não atraiçoar a verdade e a virtude.

DUAS OBSERVAÇÕES

A fórmula de São Mateus (10, 37) — *Quem ama seu pai ou sua mãe mais do que a mim...* — fornece a interpretação autêntica dos dizeres paralelos consignados em São Lucas (14, 26): *Se alguém vem a mim e não odeia pai, mãe, mulher, filhos, irmãos, irmãs e até a sua vida, não pode ser meu discípulo.*

O semita não tinha termos explícitos para indicar comparações, como "amar mais ... amar menos"; sendo assim, era obrigado a dizer simplesmente "amar... odiar". Está claro que Jesus nunca preconizou o ódio ao pai e à mãe, nem mesmo por amor a Deus; apenas exigiu que o amor filial e familiar fosse menos forte que o amor a Deus, ficando sempre subordinado a este.

Além disso, o povo judeu que acompanhava a pregação de Jesus estava mais acostumado do que nós a ouvir dizer que o amor ao pai e à mãe devia ser postergado em face de outros valores. Os rabinos talvez exagerassem um pouco ao propor tal ensinamento; interessa-nos, porém, a sua mentalidade.

Com efeito, não era raro nas escolas judaicas perguntar quem deveria ser mais amado: o pai ou o mestre? A resposta então comum era a seguinte:

> Se o pai perdeu um objeto e o mestre também perdeu, procure o jovem em primeiro lugar o objeto do mestre, pois o nosso pai nos colocou neste mundo, mas o mestre, que nos ensina a sabedoria, nos dá a vida do outro mundo. [...]
>
> Se o pai e o mestre carregam cada qual um fardo, é preciso que o jovem ajude primeiro o mestre a depositar a carga; a seguir ajudará o pai.
>
> Se o pai e o mestre estão no cárcere, é preciso primeiro libertar o mestre, e depois o pai. Mas se o pai for um escriba (isto é, um cultor, por excelência, da sabedoria religiosa), deverá ser libertado em primeiro lugar, e a seguir o mestre.[3]

Ora, foi nesse mundo judaico, em que os rabinos valorizavam o amor ao mestre mais do

3 Tratado *Baba Meda* II, 11.

que o amor ao pai, que Jesus apregoou o amor a Ele, o Mestre Divino, acima de tudo. E com razão; não é Cristo quem, pela sua palavra e pelos seus sacramentos, gera todos os homens para a vida, e para a verdadeira vida: a vida eterna?

A FIGUEIRA AMALDIÇOADA

No dia seguinte, ao saírem de Betânia, Jesus teve fome. Vendo ao longe uma figueira coberta de folhas, aproximou-se para ver se nela encontrava algum fruto, Chegando-se a ela, nada encontrou a não ser folhas, pois não era tempo de figos. Dirigindo-se então à figueira, disse: Que daqui por diante jamais alguém coma fruto de ti! Seus discípulos o ouviram. [...]

Na manhã seguinte, ao passarem, viram que a figueira tinha secado até as raízes. Recordando-se, Pedro disse-lhe: Vê, Mestre, secou-se a figueira que amaldiçoaste (Mc 11, 12-14.20-21; cf. Mt 21, 18-20).

O episódio acima transcrito tem feito correr rios de tinta entre os comentadores. Proporemos a elucidação geralmente aceita, à qual se acrescentarão alguns dados complementares.

UMA PARÁBOLA EM ATOS

Este trecho de São Marcos apresenta, sem dúvida, mais de um ponto obscuro. Assim:

- a fome de Jesus. Se o Senhor passou a noite anterior ao episódio na casa de Marta e Maria em Betânia (cf. Mc 11, 12), a três ou quatro quilômetros de Jerusalém, dificilmente se pode entender — conforme alguns exegetas — que tenha começado a caminhada do dia sem ter tomado previamente algum alimento;[4]
- a procura de frutos numa árvore fora da época respectiva, isto é, em abril (a estação de figos na Palestina começa apenas em junho);
- a desarrazoada decepção do Senhor;
- a punição de uma árvore, que não podia ser sujeito de culpa;

4 Os mestres judeus recomendavam muito as refeições nas horas oportunas; o Rabi Aquiba chega mesmo a admoestar: "Levanta-te cedo e come [...]; sessenta correios poderão correr, sim, mas não ultrapassarão aquele que tiver comido cedo".

- o milagre realizado a título de mera "vingança".

Como entender esses dados difíceis?

Observando as características acima assinaladas, os comentadores, desde épocas remotas, julgam — e com razão — que o texto sagrado se enquadra dentro do gênero de episódios bíblicos que referem uma ação simbólica ou uma parábola em atos. Este gênero não é raro na literatura do Antigo Testamento, principalmente nos livros proféticos.

Com efeito, Deus quis outrora falar ao seu povo não somente mediante palavras, mas também mediante gestos e ações que — de maneira figurada, mas ainda mais viva e impressionante do que as palavras — transmitiam determinado ensinamento. Tais ações podiam revestir-se de notas estranhas ou pouco habituais no currículo da vida cotidiana, mas justificavam-se pela finalidade do símbolo, que era "exprimir em termos bem palpáveis e penetrantes alguma doutrina abstrata".

AÇÕES SIMBÓLICAS NA SAGRADA ESCRITURA

Eis algumas das principais parábolas em atos ou ações simbólicas que o Antigo Testamento nos refere:

Deus ordena a Jeremias que compre um cinturão de linho e o aplique aos seus rins sem o mergulhar previamente na água. Manda, a seguir, que o profeta vá ter ao rio Eufrates e esconda o cinturão dentro de uma fenda do rochedo, junto das águas. Por último, passados muitos dias, o profeta é de novo enviado ao Eufrates, a fim de buscar o cinturão; encontra-o, porém, deteriorado e totalmente imprestável.

Ora, conforme a interpretação explicitamente dada pelo próprio Senhor, tal ato devia simbolizar que a Aliança de Javé com Israel (o cinturão) estava para ser conculcada pelos pagãos (as águas do Eufrates), que desta forma haviam de humilhar o povo de Israel, soberbo e desobediente (cf. Jr 13, 1-11).

Jeremias é enviado a um oleiro a fim de comprar um jarro, que deverá quebrar a seguir perante a multidão que o acompanha. Assim ficaria significada a ruína que, por obra do rei Nabucodonosor, estava para acometer o povo de Israel em consequência dos seus pecados (cf. Jr 19, 1-2.10).

Javé manda a Ezequiel que prepare uma panela, enchendo-a de carne e ossos das melhores cabeças de gado do rebanho, e ponha tudo a ferver aos borbotões. Feito isto, Ezequiel verificaria que, apesar de tudo, o cozido não podia ser aproveitado como alimento, mas devia ser lançado fora, pois a ferrugem do interior da panela havia contaminado o conteúdo.

Com esta parábola viva, devia o profeta indicar que a cidade de Jerusalém estava tão corrompida que nada a podia salvar da ruína; nem mesmo uma provação momentânea bastaria para purificá-la; tinha, pois, de sofrer a destruição por parte dos inimigos. Seus habitantes, longe de serem protegidos por suas muralhas, haviam de ser lançados fora ou deportados para a Babilônia (cf. Ez 24, 3-44).

Javé ordena ao profeta Ezequiel que tome dois pedaços de madeira e escreva sobre o primeiro o nome de Judá (reino meridional israelita), e sobre o segundo o nome de José, pai de Efraim (designação do reino setentrional derivado do cisma das tribos de Israel). A seguir, o profeta devia juntar os dois fragmentos de lenho e explicar ao povo que esse ato representava a próxima extinção do cisma, ou seja, o reagrupamento do povo de Israel sob um só chefe ou um só pastor (cf. Ez 37, 15-28).

O profeta Aías de Silo retalhou o seu manto novo em doze partes, entregando dez a Jeroboão para predizer o cisma das dez tribos setentrionais de Israel, guiadas por Jeroboão mesmo (cf. 1 Rs 11, 29).

Por fim, também no Novo Testamento, fora dos Evangelhos, ocorre um caso de parábola em atos. O profeta Ágabo toma o cinturão de São Paulo e, com ele, ata as suas próprias mãos e pés, dizendo que o homem a quem pertencia tal cinturão seria ligado de forma semelhante e entregue aos pagãos (cf. At 21, 10-11).

Ora, Jesus adotou o método de ensinamento simbólico dos profetas do Antigo e do Novo Testamento, pois isso confirmaria o seu título de arauto de Deus e, além disso, daria à sua doutrina uma base muito acessível às multidões.

A PARÁBOLA DA FIGUEIRA

Feita esta observação, importa-nos averiguar como se deve interpretar uma parábola a fim de deduzir dela o seu ensinamento autêntico.

A regra-chave para se entender uma parábola — seja ela expressa por palavras ou traduzida em atos —, manda que se examine antes de mais nada qual a intenção do autor da parábola ou qual o ensinamento que ele queria transmitir mediante esse artifício.

Tal ensinamento geralmente se depreende sem dificuldade, pois ou o próprio autor da parábola — no Evangelho, o próprio Jesus — o propõe explicitamente, ou o contexto da parábola o insinua suficientemente. Esse ensinamento a que tende o autor da peça constitui a viga principal da parábola, de tal modo que os pormenores desta têm que ser subordinados a essa linha de pensamento, ou têm que ser entendidos à luz da lição dominante.

Aplique-se este princípio ao episódio da figueira amaldiçoada por Jesus e perceber-se-á o seu significado genuíno.

A figueira, árvore assaz comum na Palestina, é utilizada no Antigo Testamento como símbolo que designa o povo de Israel.[5]

No Evangelho, a figueira infrutuosa, mas misericordiosamente agraciada (cf. a parábola narrada em Lc 13, 6-9), designa igualmente a nação escolhida. É plausível, pois, admitir que, nesta cena viva narrada por São Marcos e São Mateus, a figueira também designe o povo de Israel.

Ora, o quadro — os acontecimentos anteriores e posteriores — dentro do qual se insere esta cena mostra a nação israelita obcecada: seus mentores são os fariseus que resistem ao Messias,

5 Tenha-se em vista a passagem alegórica de Jeremias (24, 1), onde figos bons e figos deteriorados simbolizam os israelitas fiéis e os infiéis ao Senhor. Em Oseias (9, 10), lê-se o seguinte oráculo de Javé: *Como uvas no deserto encontrei Israel. Como frutos precoces numa figueira vi os vossos pais*. Em Miqueias (7, 1), Javé diz ter desejado a fidelidade de Israel como quem aspira por figos precoces, e em Amós (8, 1-2) o povo é representado por frutas maduras.

discutindo sutilmente com Ele. O episódio dos vendilhões expulsos do Templo porque profanavam o santuário ilustra bem essa situação (cf. Mt 21, 12-13). Também as parábolas narradas por Jesus após o episódio da figueira sugerem claramente a obcecação ou o endurecimento da nação israelita: a parábola dos dois filhos, dos quais um obedece e o outro não (cf. Mt 21, 28-32), e a dos vinhateiros homicidas, que chegam a matar o filho do seu senhor (cf. Mt 21, 33-46).

Assim, o povo caro a Javé — simbolizado classicamente por uma figueira —, enriquecido de dons e favores no decorrer da história do Antigo Testamento, se mostrava estéril na hora definitiva ou no momento em que o Senhor o visitava a fim de colher os respectivos frutos. Consequentemente, Deus havia de punir a nação israelita, permitindo que viesse a cair sob os romanos no ano de 70. Ora, justamente essa era a punição que Jesus queria simbolizar fazendo perecer a figueira...

Nesse contexto, o contraste de que fala o Evangelho entre a exuberante ramagem da figueira e a carência de frutos é importante:

lembra a multidão de observâncias rituais e legalistas vigentes entre os israelitas, observâncias, porém, destituídas de frutos religiosos.

Quanto ao fato de a época em que ocorreu o episódio não ser época de figos, não tem importância. Também não causa espécie a expectativa — aparentemente tola — de Jesus, desejoso de colher figos fora da estação adequada. Nem nos há de prender a atenção o fenômeno, talvez surpreendente, de que Jesus tivesse fome a tal hora do dia... Estes traços não possuem significado em si mesmos; servem apenas para ornamentar a cena ou para torná-la mais dramática.

Retenha-se apenas a seguinte linha da parábola em atos: Jesus foi buscar frutas a uma árvore que por ironia, tinha muitas folhas, mas nenhum figo; em consequência, essa árvore foi tratada como plantio de má qualidade, que deve ser eliminado para não prejudicar o solo e as demais árvores.

Isto queria significar que o Messias veio à terra colher os frutos da fé e dos dons que Israel recebera no Antigo Testamento, mas encontrou essa nação estéril; em consequência, ela havia de ser duramente punida em 70, quando os romanos a invadiriam e dispersariam.[6]

Está claro que a figueira não era sujeito de culpa moral ou de pecado. Mas é tratada na cena simbólica como se o fosse, porque a ilumina ou se projeta sobre ela a situação de Israel. Não se

6 "São palavras duras, sim! Nunca jamais nasça fruto de ti! [...] Jesus amaldiçoa aquela árvore porque só encontrou aparência de fecundidade, folhagem. Deste modo aprendemos que não há desculpas para a ineficácia. [...] Ai de quem se enfeita com a folharada de um falso apostolado, ai de quem ostenta a frondosidade de uma aparente vida fecunda, sem tentativas sinceras de conseguir fruto! Parece que aproveita o tempo, que se mexe, que organiza, que inventa um modo novo de resolver tudo. [...] Mas é improdutivo. Ninguém se alimentará com as suas obras desprovidas de seiva sobrenatural.

"Peçamos ao Senhor que nos torne almas dispostas a trabalhar com heroísmo feraz, pois não faltam muitos na terra que, quando as pessoas se aproximam deles, só revelam folhas — grandes, reluzentes, lustrosas. [...] Só folhagem, exclusivamente folhagem, e nada mais. E as almas olham para nós com a esperança de saciar a sua fome, que é fome de Deus. [...]

"Não nos servirá desculpa alguma. O Senhor foi pródigo conosco. Instruiu-nos pacientemente, explicou-nos os seus preceitos com parábolas e insistiu conosco sem descanso. Como a Filipe, pode perguntar-nos; Há tanto tempo estou convosco, e ainda não me conhecestes? (Jo 14,9) — Chegou o momento de trabalhar de verdade, de ocupar todos os instantes da jornada, de suportar — com gosto e com alegria — o peso do dia e do calor (Mt 20, 12)". (São Josemaria Escrivá, *Amigos de Deus*, 4ª ed., Quadrante, São Paulo, 2018, pp. 68-70).

perca tempo, portanto, indagando se a figueira como tal mereceu ou não o castigo, ou se a ira de Jesus foi justificada ou não...

A atitude de Jesus foi ditada não pelas circunstâncias em que se realizou o episódio — à luz dessas circunstâncias, seria desarrazoada ou absurda —, mas pela atitude que o Juiz Eterno havia de tomar para com Jerusalém no ano 70. Neste último caso, sim, o procedimento de Jesus é compreensível, pois desempenha o papel de sinal ou símbolo profético.

O PECADO SEM PERDÃO

> *Portanto, eu vos digo: todo o pecado e blasfêmia será perdoado aos homens, mas a blasfêmia contra o Espírito não será perdoada. E se alguém disser uma palavra contra o Filho do homem, será perdoado; mas se falar contra o Espírito Santo, não será perdoado nem neste século nem no futuro* (Mt 12, 31-32).

Como se vê, o Senhor distingue claramente entre *palavra — ou pecado — contra o Filho do homem* e *palavra — ou pecado — contra o Espírito Santo*. Vejamos sucessivamente o que significa cada uma destas duas expressões.

O PECADO CONTRA O ESPÍRITO SANTO

O sentido do *pecado contra o Espírito Santo* é elucidado pelo contexto destas palavras de Jesus em São Mateus e São Marcos.

O Divino Mestre acabara de expulsar demônios, provocando surpresa na multidão que o acompanhava (cf. Mt 12, 23). Os fariseus, em vez de reconhecer nisso uma intervenção da Onipotência divina, interpretaram esses feitos gloriosos, contra a lógica e o bom senso, como sendo obra de um espírito impuro, do qual Jesus estaria possesso. Assim atribuíam ao espírito do mal feitos de bondade e salvação; confundiam o princípio do Bem com o princípio do mal..., Jesus, o Enviado do Pai, com um agente de Satanás. Numa palavra: fechavam os olhos a manifestações evidentes do poder de Deus.

Tal atitude supõe da parte do homem uma recusa obstinada, que só se explica pelo fato de que Deus, tendo dotado o homem de liberdade de arbítrio, respeita a dignidade da sua criatura.

Esse endurecimento do coração é, no texto do Evangelho, chamado *pecado contra o Espírito Santo*, não por implicar malícia especial contra a terceira Pessoa da Santíssima Trindade, mas porque se opõe diretamente à ação santificadora de Deus nas almas, ação que é atribuída ao Espírito Santo.

A Escritura, com efeito, costuma apropriar[7] ao Espírito, Amor Subsistente em Deus, essa obra de amor que é solicitar os homens para a vida perfeita, por sinais visíveis e apelos invisíveis. É também, segundo as páginas sagradas, por obra do Espírito Santo que se realizam as grandes manifestações de Deus no mundo (cf. Jz 3, 10; 6, 34; 11, 29; 13, 25; Ez 26, 27; Jl 3, 1-2).

Donde se vê que "pecar contra o Espírito Santo" é resistir obstinadamente às solicitações evidentes que Deus dirige às suas criaturas.

7 A palavra *apropriar* é utilizada pela ciência teológica para atribuir a uma das Pessoas divinas algumas das obras externas da Santíssima Trindade (Criação, Redenção, Santificação), segundo o que é mais *próprio* de cada uma dessas Pessoas.

O PECADO CONTRA O FILHO DO HOMEM

No mesmo contexto, toma sentido claro a expressão pecado contra o *Filho do homem*.

O *Filho do homem* designa a Divindade encoberta pelos véus da carne; é Deus que se assemelha aos homens em tudo, exceto no pecado, tornando-se mesmo capaz de desconcertar as expectativas da sabedoria humana (cf. Mt 11, 6).

O pecado contra o Filho do homem vem a ser então a queda atenuada pela fraqueza mais ou menos involuntária das criaturas que, embora aspirem ao bem, não sabem entrever a ação de Deus nos desígnios da Providência; tal terá sido, por exemplo, o pecado de Pedro, que na hora da Paixão renegou o Divino Mestre.

O PECADO CONTRA O ESPÍRITO NÃO TERÁ PERDÃO

Jesus adverte que o pecado contra o Espírito Santo não encontra perdão anteriormente. Isto se entende bem à luz das noções expostas. Não há perdão — ao menos se se observa o procedimento habitual da Providência divina — onde o pecador não o deseja mas, ao contrário, se fecha à graça. Ora, essa é, sem dúvida, a atitude do homem que luta conscientemente contra a ação de Deus na sua alma; esse homem rejeita o princípio de toda a ressurreição espiritual, tornando-se vítima da sentença que ele mesmo profere sobre si.

Convém frisar que jamais falta, da parte de Deus, a misericórdia necessária para indulgenciar qualquer culpa do homem; a bondade do Onipotente será sempre maior do que a mesquinhez da criatura (cf. 1 Jo 3, 20); mas se o réu não quer receber o dom do Alto, o Senhor não o costuma impor.

A rigor, Deus pode forçar o pecador a arrepender-se; isto não se faria, porém, sem derrogação do livre arbítrio, atributo característico do ser humano, que o Senhor habitualmente não retoca. São Tomás nota, contudo, que, mesmo nos casos de obstinação, "a via do perdão e da cura não está obstruída para a Onipotência e a Misericórdia de Deus, que algumas vezes realiza curas espirituais como que por milagre".[8]

Nem no presente século nem no futuro (Mt 12, 32). Eis uma expressão semítica que, neste caso, significa a absoluta irremissibilidade do pecado contra o Espírito Santo; em tempo algum o pecador que recuse o perdão será forçado a aceitá-lo.

Em conclusão, verifica-se que o pecado contra o Espírito Santo não versa sobre determinado objeto, nem consiste numa falta tão vultosa que vença o Amor Divino para com a criatura, mas é simplesmente a resistência aberta e consciente à graça de Deus. Não há pecado por si irremissível, nem situação tão desesperada do pecador que não possa ser recoberta pela Misericórdia

8 São Tomás de Aquino, *Suma teológica*, II-II, 14, 3c.

do Salvador, a qual sempre se obterá através do sacramento da Penitência ou, caso este não esteja ao alcance do homem, através de um sincero ato de contrição.

DEIXA QUE OS MORTOS ENTERREM OS SEUS MORTOS

Aconteceu que, indo eles pelo caminho, veio um homem que lhe disse: Seguir-te-ei para onde quer que vás. Jesus disse-lhe: As raposas têm seus covis e as aves do céu têm seus ninhos, mas o Filho do homem não tem onde reclinar a cabeça.

A outro disse: Segue-me. Mas ele disse: Senhor, permite-me que vá primeiro sepultar meu pai. Mas Jesus respondeu: Segue-me, e deixa que os mortos enterrem os seus mortos; tu vai e anuncia o reino de Deus (Lc 9, 57-60; cf. Mt 8, 19-22).

ATITUDE PERANTE A VOCAÇÃO

O significado dos dizeres acima reproduzidos entende-se bem à luz do respectivo contexto,

contexto que no Evangelho de São Lucas é um pouco mais explícito do que no de São Mateus.

Na verdade, os Evangelistas nos apresentam sucessivamente duas atitudes dos homens perante uma chamada do Divino Mestre — a chamada para seguirem a Cristo na qualidade de discípulos.

A primeira atitude é a da *generosidade aparente*, mas *superficial*. Com efeito, alguém se apresentou ao Divino Mestre afirmando: *Mestre, seguir-te-ei para onde quer que vás*. A esse fervor pouco experimentado, dizem os Evangelistas, Jesus houve por bem responder com reservas, mostrando as dificuldades do propósito: segui-lo seria expor-se a todas as espécies de privações, pois *as raposas têm os seus covis, e as aves do céu os seus ninhos, mas o Filho do homem não tem onde reclinar a cabeça, advertiu o Senhor*.

A segunda atitude do homem perante a chamada de Cristo é a da *vacilação*. Certa vez, o próprio Divino Mestre dirigiu a alguém o convite: Segue-me. Ao que o discípulo replicou: *Senhor, permite-me que vá primeiro sepultar meu pai*. Não se dando por satisfeito com a resposta,

Cristo insistiu: Segue-me, e deixa que os mortos enterrem os seus mortos.

Alguns comentadores julgam que o pai do jovem se achava ainda em vida, se bem que gravemente enfermo. O mancebo teria então pedido ao Senhor o prazo mais ou menos longo que decorreria até a morte e o sepultamento do doente, talvez pensando em esquivar-se definitivamente ao convite de Jesus. A maioria dos exegetas, porém, admite que o ancião já morrera e que o jovem pedia apenas o exíguo tempo necessário para participar dos funerais.

Como quer que seja, num e noutro caso o pedido parecia muito legítimo: prestar assistência aos genitores e sepultar os mortos eram obras altamente estimadas pelos judeus piedosos.[9] E já que os judeus costumavam sepultar no próprio dia da morte (cf. At 5, 5-6), o pedido do jovem

9 Em particular, o sepultamento dos defuntos era tido como dever tão imperioso que os rabinos dispensavam das orações usuais e do estudo da Lei os filhos que tivessem por sepultar pai ou mãe (cf. o tratado do Talmud, *Berachot* 17, 2); além disso, a própria Escritura Sagrada, por suas narrativas, muito parecia recomendar aos filhos o cuidado de sepultarem os seus pais (cf. Gn 25, 9; 50, 5; Tb 1, 21; 2, 3-7; 4, 3).

não implicaria em grande atraso para seguir o Divino Mestre. Contudo, Jesus não quis reconhecer a legitimidade da súplica.

Não porque o cuidado dos mortos não seja em si uma obra boa, mas porque, no caso focalizado, a atitude do mancebo significava falta de generosidade para com Deus, significava certa covardia ou também um coração dividido entre o amor a Deus e o amor às criaturas. Ora, o Senhor quer ser amado acima de tudo; é, aliás, a reta hierarquia de valores que o exige; ou Deus ocupa o lugar capital na vida do homem, norteando todas as suas atitudes, ou simplesmente dever-se-á dizer que Deus não existe para esse homem; ninguém se iludirá julgando que cultua a Deus pelo fato de Lhe consagrar *algumas* de suas atitudes ou algumas de suas horas na vida.

O VALOR ABSOLUTO

Uma pequena digressão servirá para ilustrar o quanto acabamos de dizer.

Um monge hindu dizia com muito acerto: "Deus é a unidade sem a qual só existem zeros".

Com efeito, Deus é, por definição, o Ser Absoluto — o que significa: o Valor Absoluto, Deus é, sim, o Valor que torna valiosa toda e qualquer criatura, e sem o qual esta é vazia e enganadora.

Imaginemos uma série de três zeros, outra de seis, outra de nove zeros:

000
000 000
000 000 000

Os zeros que se acrescentam aos zeros nada alteram; tudo fica sendo zero... Mas coloquemos o número Um, uma só unidade, coisa simplicíssima, na série... Se pusermos o "Um" em último lugar, o conjunto, por mais longo que seja, ficará valendo muito pouco, será uma ninharia... Se o colocarmos em penúltimo lugar, já o conjunto valerá dez, o que ainda é muito pouco... Caso ponhamos a unidade em terceiro, em quarto, em quinto lugar, a série irá aumentando de valor (cem, mil, dez mil...). Finalmente, se se coloca o número Um à frente de cada série, ter-se-á:

1 000 = mil
1 000 000 = um milhão
1 000 000 000 = um bilhão

Coisa estupenda! Os zeros tomam imenso valor desde que o "Um" lhes seja anteposto e os ilumine. Pois bem; Deus é esse "Um" sem o qual as criaturas nada são.

Se Deus ficar em último lugar na vida do homem, esta se apresentará sempre como insípida bagatela, ninharia vazia... Uma vez, porém, que se ponha Deus incondicionalmente em lugar capital, cada bagatela, cada zero da vida toma valor imprevistamente grande.

O homem pode acumular mil bens criados no seu tesouro; se chegarem a fazer empalidecer ou a remover a face de Deus no horizonte do indivíduo, esses bens, por mais numerosos que sejam, equivalerão a uma longa série de zeros; deixarão o seu possuidor sempre frustrado e insatisfeito...

Mas se o cristão puser Deus à frente de cada criatura e procurar ver tudo sob a perspectiva dEle, então e somente então esse homem começará a compreender o valor das criaturas; começará a compreender também que seguir Cristo é o maior de todos os bens e que a vida, vivida em fidelidade absoluta ao Senhor, vale, apesar de tudo, a pena de ser vivida!

A ÚNICA RESPOSTA

Voltando ao texto do Santo Evangelho, diremos consequentemente que, no caso da chamada dirigida pessoalmente por Jesus ao jovem, só uma resposta era adequada: a aceitação imediata, não postergada por qualquer outra tarefa; embora esta fosse em si legítima — como o sepultamento dos mortos —, naquelas circunstâncias tornava-se condenável porque, em vez de levar o discípulo a amar mais a Deus, servia para diminuir e entibiar a sua adesão ao Bem Infinito.

Eis o motivo da insistência apresentada por Cristo. Contudo, a segunda parte da frase do Senhor costuma também causar estranheza: *Deixa que os mortos enterrem os seus mortos*.

A construção da frase é evidentemente artificiosa, pois, como de antemão se pode conjeturar, faz duplo emprego do termo "mortos". Em suma, Jesus quer dizer que, para sepultar cadáveres materiais — ou os mortos, no sentido físico —, há sempre gente suficiente; há, sim, todos aqueles que não são chamados à vida da graça e do apostolado, gente talvez indiferente aos interesses do Reino de Deus. Tais pessoas vivem para o mundo e para as tarefas deste mundo; são por Jesus designadas metaforicamente como "mortos"...

Esta figura de linguagem, forte como é, justifica-se pelo desejo que Jesus tem de realçar a grandeza e a premência da vocação dirigida ao jovem mancebo; chamado a seguir diretamente a Jesus, ele possui o quinhão por excelência, em comparação com o qual tudo empalidece ou desaparece, morre.

A figura também se explica pelo uso dos rabinos, que costumavam considerar como mortos — em espírito — os indivíduos que viviam alheios ao Reino de Deus. Aliás, um eco bem significativo desse uso ressoa no texto de São Paulo: *A viúva que vive em prazeres está morta, embora pareça viva* (1 Tm 5,6).

Consequentemente, os mestres de Israel tinham os homens piedosos na conta de "vivos", mesmo que estes se vissem atribulados e condenados à morte (cf. 2 Cor 4, 7-12).

Por conseguinte, Jesus quer incutir ao discípulo que Ele chama a preciosa norma: "Deixa o cuidado dos mortos ou, mais amplamente ainda, o cuidado das coisas mortais ou temporais, aos homens que, por desconhecerem valores mais elevados, se dedicam profissionalmente a isso; tu, porém, que recebeste a melhor das vocações, não queiras viver como se não a tivesses, mas volta-se decididamente para os valores eternos".

Durand comenta assim as palavras de Jesus: "Admiramos o soldado que, no caso de extremo perigo da pátria, permanece em seu posto na frente de combate, deixando aos de trás o cuidado de sepultar o seu pai. Como então nos contentaríamos com uma dedicação menor, ao tratar-se do Reino de Deus?"[10]

Por fim, o episódio que acabamos de analisar ainda sugere uma reflexão; em certos momentos

10 *Com. em Mateus*, 133.

da vida, a maior graça que Deus pode conceder a uma alma é a de pedir-lhe um ato de heroísmo. Esse ato, esse impulso forte, ainda que faça sofrer, vem a ser a condição imprescindível para que o cristão se eleve acima de seus interesses temporais ou para que fortaleça a sua verdadeira vida, e não se torne um morto a sepultar mortos no cemitério das coisas temporais.

OS OPERÁRIOS DA VINHA

O reino dos céus é semelhante a um pai de família que, ao romper da manhã, saiu a contratar operários para a sua vinha. E tendo ajustado com os operários um denário por dia, mandou-os para a sua vinha. Tendo saído cerca da terceira hora, viu outros, que estavam na praça ociosos, e disse-lhes: Ide vós também para a minha vinha, e dar-vos-ei o que for justo. Eles foram. Saiu outra vez cerca da hora sexta e da nona e fez o mesmo. [...]

No fim da tarde o senhor da vinha disse ao seu mordomo: Chama os operários e paga-lhes o salário, começando pelos últimos até os primeiros. Tendo chegado os que tinham ido à hora undécima, recebeu cada um seu dinheiro. Chegando também os primeiros, julgaram que haviam de receber mais; porém, também eles receberam um denário cada um. Mas ao receberem, murmuravam contra o pai de família, dizendo: Estes últimos trabalharam uma hora, e os igualaste conosco, que suportamos o peso do dia e do calor. Porém ele, respondendo a um deles, disse: Amigo, eu não te faço injustiça; não ajustaste tu comigo um denário? Toma o que é teu e vai-te; que eu quero dar também a este último tanto como a ti. Ou não me é lícito fazer dos meus bens o que quero? Porventura será o teu olhar malvado porque eu sou bom? Assim os últimos serão os primeiros e os primeiros serão os últimos, porque muitos são os chamados e poucos os escolhidos (Mt 20, 1-16).

As parábolas constituem um gênero literário que pode ser interpretado segundo normas próprias. Dentre estas, interessa-nos particularmente a seguinte: deve-se considerar a história parabólica como um conjunto que, enquanto conjunto, significa uma realidade superior, dogmática ou moral. Quanto aos pormenores da peça, nem todos são portadores de ensinamento religioso; alguns aí figuram unicamente a fim de tornar mais viva a narrativa. Sendo assim, para se fazer a exegese de uma parábola do Evangelho, é preciso antes de mais averiguar qual a doutrina religiosa que Jesus queria ilustrar ao narrá-la; em função desta é que se interpretarão o conjunto da história narrada e os seus traços particulares. Ora, a moralidade que o Senhor queria incutir mediante tal ou qual parábola, ou é enunciada pelo próprio Mestre (cf. Mt 13, 18-23) ou se deve depreender do contexto.

Dito isto, abordemos o trecho de São Mateus que se refere aos operários angariados para a vinha.

QUAL O TRECHO A ANALISAR?

O texto da parábola termina propriamente no versículo 15, com as palavras: *Será o teu olhar malvado porque eu sou bom?* Evidentemente, já não pertence à peça literária o versículo 16, assim concebido: *Por conseguinte, os últimos serão os primeiros e os primeiros os últimos, pois são muitos os chamados e poucos os escolhidos*. A história que precede não dá ocasião a tais dizeres, que aparecem imprevistamente, sem concatenação nem propósito no contexto. Com efeito, na narrativa parabólica não é o fato de serem os últimos operários pagos antes dos primeiros que tem importância e provoca protestos, mas o fato de receberem todos *igual* salário.

Por isso, a sentença a respeito dos últimos que se tornam os primeiros e vice-versa parece ter sido uma frase de Jesus que a tradição oral referia independentemente de determinado contexto e que São Mateus houve por bem consignar duas vezes (em 19, 30 e 20, 16). Em São Lucas (13, 30) e São Marcos (10, 31), ela ocorre em contextos assaz diferentes, Sendo assim, para instruir a exegese da parábola dos operários, será lícito — mesmo necessário — abstrair dessa sentença do Mestre.

Muito menos se levará em conta, na interpretação da parábola, a frase anexa à anterior e concernente aos *muitos chamados* e *poucos escolhidos*; percebe-se sem dificuldade que estes dizeres não estão no seu lugar lógico. Alguns códices antigos do Evangelho chegam a omiti-los aqui, e os referem apenas uma vez, isto é, na parábola do grande banquete (Mt 22, 14), onde têm realmente certo nexo com a parábola anteriormente narrada.

A este propósito, deve-se notar que, segundo o modo semita de falar, a sentença significa: "*Maior* é o número de chamados, *menor* é o número de escolhidos". Os semitas não tinham forma gramatical própria para indicar o grau comparativo, por isso enunciavam a comparação justapondo simplesmente os dois termos que queriam confrontar entre si (cf. casos análogos em Mc 9, 43.45.47; Mt 5, 29-30; 18, 6.8-9; Lc 17, 2; 18, 14).

As palavras de Jesus significam, pois, que maior é o número dos que são chamados à fé e ao batismo nesta vida, e menor é o número dos que possuirão a vida eterna no céu; dentre os convidados da parábola do banque-te, haverá pelo menos um réprobo, simbolizado pelo homem que não tinha a veste nupcial e que por isso foi excluído do banquete.

A "ESCANDALOSA" BONDADE DE DEUS

Após estas considerações, já estão dissipadas algumas dificuldades de interpretação da parábola dos operários. À última frase, *Eu sou bom!*, é que se atribuirá importância preponderante na exegese.

Além disso, dever-se-á atender aos episódios que precedem a parábola: por ocasião da história do jovem rico apegado aos seus haveres, Jesus incutira a necessidade da renúncia absoluta para que alguém o pudesse seguir (Mt 19, 16-26); em resposta, Pedro, como que satisfeito consigo mesmo, lembrara que ele e seus condiscípulos tudo haviam abandonado; o Mestre propôs então a recompensa máxima tanto para Pedro como para os que lhe imitassem o exemplo (cf. Mt 19, 27-29).

Depois destes episódios, os ouvintes de Jesus poderiam talvez crer que o Senhor viera a este mundo pregar o puro estoicismo, isto é, a necessidade do esforço ascético baseado tão somente na energia natural do homem, abstração feita da graça sobrenatural. Esta impressão equivaleria a desvirtuar totalmente a mensagem do Redentor. Foi justamente para corrigi-la que Jesus se pôs a contar a "desconcertante" parábola dos operários e do seu salário. Nesta, dois traços são dominantes:

- tudo o que era de justiça foi cumprido pelo patrão, que pagou um dinheiro àqueles que, por contrato, tinham direito a isso;
- além da justiça, e sem lesá-la, manifestou-se a bondade, dom gratuito; àqueles com quem não tinha feito contrato nenhum, o patrão quis dar mais do que o que propriamente lhes tocaria.

E — note-se bem — as partes da bondade gratuita foram muito mais copiosas do que as da estrita justiça. Apenas com uma turma, isto é, com os operários da primeira hora, o patrão usou de justiça estrita; com quatro outras turmas usou de pura bondade.

É justamente este predomínio "escandaloso" da Bondade — da Misericórdia — sobre a Justiça que a parábola quer acentuar, inculcando que Deus trata desse modo todo o indivíduo humano — o tratamento aplicado à coletividade dos operários na parábola é, na realidade cotidiana, aplicado a cada indivíduo, cristão ou pagão, em particular; a Bondade de Deus antecipa e ultrapassa os direitos do homem; é ela que dá a este a capacidade de merecer,e é ela que recompensa as suas próprias obras no homem.

Em outros termos: os esforços da alma virtuosa não são algo de absoluto, como poderiam crer os discípulos, mas são suscitados e sustentados pela graça de Deus. Anteriormente a esta, o homem não tem título de justiça que possa fazer valer perante Deus.

Isto não quer dizer que os fiéis se devam desinteressar dos esforços pela sua santificação, Jesus e São Paulo inculcam repetidamente o dever, que toca a todos, de *lutar energicamente* pela sua salvação (cf. Lc 13, 23; Mt 7, 13-14; 1 Cor 9, 24-27; Fl 3, 7-14). Exerçam, portanto, o máximo zelo de que são capazes. Saibam, porém, que seu esforço nunca lhes poderá ser motivo de vanglória, pois é Deus quem lhes dá a graça de se esforçarem; e a graça, Ele a dá a todos indistintamente, desejando que todos sejam salvos (cf. 1 Tm 2, 4).

Portanto, a frase final da parábola, *Eu sou bom!* — ou "Deus é bom!", pois na narrativa o patrão representa a Deus —, é a palavra-chave da interpretação. As reclamações dos operários ou — sem metáfora — das crianças que não entendem os procedimentos de Deus — sempre bom —, devem-se não à pretensa injustiça de Deus, mas à mesquinhez do homem: o *olhar malvado* do final da parábola (v. 15) significa "o modo de ver errôneo"; acontece não raro que, justamente quando Deus mais bondade exerce, o homem menos compreende e mais tende a corrigir a Deus.

O ADMINISTRADOR INFIEL

O mestre louvou o administrador desonesto, porque procedera de maneira prudente. Com efeito, os filhos deste mundo são mais sagazes em suas relações com os seus semelhantes do que os filhos da luz.

Pois bem; digo-vos, granjeai para vós amigos com o dinheiro desonesto, a fim de que, quando desfalecer, vos recebam nas mansões eternas (Lc 16, 8-9).

A PRUDÊNCIA DO ADMINISTRADOR INFIEL

No Evangelho de São Lucas (16, 1-9), lê-se a parábola do administrador iníquo que, estando para ser despedido por seu senhor, resolveu recorrer a um artifício a fim de ter amigos que o recebessem em suas casas logo que se visse na indigência. Convocou, pois, os devedores de seu patrão, e enquanto ainda gozava de seus poderes perdoou a cada um parte da respectiva dívida; mediante esse expediente, certamente granjeou para si a benevolência dos homens que agraciara.

Mas que quer dizer o fecho da parábola?

Antes de mais, seja feita uma advertência sobre a forma do texto: no último versículo, em vez de *quando desfalecer*, a Vulgata latina dá a ler "quando desfalecerdes", variante muito menos atestada pelos códices do que a forma acima adotada. *Quando desfalecer*, na frase citada, significa: "quando o dinheiro vier a faltar", o que se dá certamente na hora da morte de cada indivíduo.

Passemos agora à análise do trecho.

Já o penúltimo versículo costuma suscitar dificuldades, pois aí se lê: *O mestre louvou o administrador desonesto, porque procedera de maneira prudente.*

Quer isto dizer que Jesus tenha elogiado a deslealdade?

Não. O mestre, no caso, não é Cristo, mas o patrão lesado da parábola. Embora seriamente danificado, este não pôde deixar de reconhecer que o administrador fraudulento fora deveras industrioso: colocara a serviço de uma causa má ou do furto uma grande perspicácia e fino senso prático. Esses dotes, o patrão sincero os encomiou, sem com isso pretender legitimar a fraude que o administrador cometera.

Depois de narrar o procedimento sagaz do homem injusto, Jesus acrescenta que não é caso isolado na história dos homens; a indústria e o afinco são mais frequentes entre os maus ou entre os que propugnam interesses meramente temporais — *os filhos deste século* — do que entre os bons — *os filhos da luz* —, que visam fins superiores.

O ENSINAMENTO OCULTO

Feita esta verificação, estavam os ânimos preparados para a solene lição. Tal estado de coisas não deveria ser tolerado pelos cristãos, advertiu Jesus. Despertem-se as consciências: enquanto ao homem é dado usar dos bens deste mundo, procure com eles praticar zelosamente a virtude, a fim de que, quando as posses lhe vierem a faltar — Cristo tem em vista principalmente a hora da morte —, tenha amigos que lhe mereçam a admissão na mansão eterna ou na glória celeste.

Os amigos de que Jesus fala, amigos que se podem granjear com o dinheiro, certamente não são os homens com quem alguém entre em negociata ilí-cita — estes nada poderão merecer, perante a Justiça Divina, em favor do seu cúmplice —; trata-se, antes, dos indigentes com quem praticamos a caridade.

Conforme uma passagem de São Mateus (25, 34-40), é Jesus, em última análise, quem está presente na pessoa desses sofredores; por conseguinte, será Ele o grande Amigo (ou os amigos) que nos receberá no reino do Pai, em troca do sábio uso que tivermos feito dos bens temporais.

Por "amigos" podem-se entender também — o que dá no mesmo — as boas obras que alguém pratique enquanto goza de saúde e dos dias desta vida; estas obras nos valerão um dia o acesso à visão do Pai Celeste.

Quanto à intrigante expressão *riquezas desonestas* ou *da iniquidade*, não significa que havemos de negociar com dinheiro mal adquirido; também não quer dizer que o dinheiro seja em si mau. Jesus emprega essa expressão somente porque a riqueza é com frequência — mas contingentemente — utilizada para a iniquidade. Tal foi o caso do ecônomo infiel. São os seus proprietários que não raro lhe imprimem o caráter de instrumento do mal (cf. Lc 6, 24; 16, 19-26).

Para evitar isto, o cristão, seja pobre, seja rico de bens materiais, há de nutrir sempre em si o *espírito de pobreza* (cf. Mt 5, 3), que nada tem que ver com ignorância, exiguidade intelectual, nem com demência, mas que é *desapego interior*.

As posses temporais legitimamente adquiridas devem ser consideradas como dom de Deus, outorgado não para que o homem se dê por saciado nesta vida,[11] mas para que se excite ainda mais no amor de Deus e do próximo, crescendo destarte na união com o Supremo Amigo.

11 Tal foi a atitude do ricaço imprevidente, em São Lucas (12, 16-21).

A natureza humana constitui-se de tal modo que lhe é normal elevar-se ao amor dos bens invisíveis mediante os visíveis. Contudo, a fim de que o homem não frustre os desígnios do Criador, é-lhe absolutamente necessário um contínuo controle sobre si mesmo, para que o dinheiro sirva a ele e a Deus, e não ele ao dinheiro. Tal controle é característico do *espírito de pobreza*.

A PARÁBOLA DOS TALENTOS

Porque a todo aquele que já tem, se dará mais, e terá em abundância; mas àquele que não tem, será tirado até o que possui (Mt 25, 29).

A EXEGESE DO TEXTO

Deve-se de início notar que o adágio referido ocorre mais de uma vez, e em contextos diversos, nos Santos Evangelhos. Parece ter constituído, assim, uma das vigas mestras da pregação de Jesus.

Eis os três contextos diferentes em que se lê o adágio:

> Disse Jesus aos Apóstolos: *A vós foi dado conhecer os mistérios do reino dos céus; mas aos outros, não. Àquele que possui bens, recebe ainda*

mais e as suas riquezas serão abundantes; mas àquele que não possui, até o pouco que tem lhe será tomado (Mt 13, 11-12).

Na parábola dos talentos, dirigindo-se ao servo negligente que não fez render o dinheiro do seu monarca, exclama o rei, figura do Senhor Deus: *Servo mau e preguiçoso, sabias que colho onde não semeei, e congrego onde não espalhei. Devias, portanto, ter entregue o meu dinheiro aos banqueiros, e eu, de volta, teria recebido com juros o que é meu. Tomai-lhe, pois, o talento, e dai-o àquele que tem dez talentos. Porque a todo aquele que já tem, se dará mais, e terá em abundância; mas àquele que não tem, será tirado até o que possui* (Mt 25, 26-29; cf. Lc 19, 26).

Em outra ocasião, Jesus exorta: *Dai atenção ao que ouvis. Com a medida com que medirdes, medirão a vós, e ainda vos darão alguma coisa de acréscimo. Àquele que já tem, mais lhe será dado; e àquele que não tem, até o que possui lhe será tirado* (Mc 4, 24-25; cf. Lc 8, 18).

Em vista da frequência desta máxima, percebe-se a sua importância na mensagem evangélica.

O QUE CRISTO QUIS DIZER

Procuremos agora penetrar no significado das palavras de Cristo.

Certamente não se referem ao juízo final, seja particular, seja universal, porque este não acarretará nem acréscimo nem decréscimo de dons e méritos — talentos — para quem quer que seja; o Juiz Eterno apenas reconhecerá e confirmará o estado de ânimo em que cada um dos homens se achar quando comparecer diante dEle; após a morte não se modificará a sorte de ninguém.

É, portanto, à vida presente que a advertência de Jesus se refere. Eis o seu sentido autêntico: todos os homens recebem do Criador um cabedal de dons — variável, sim, de indivíduo para indivíduo, pois Deus nada deve a criatura alguma —; trata-se de dons naturais — inteligência, certa força de vontade, alguma afetividade, habilidades técnicas... — e sobrenaturais — a graça, as virtudes infusas, os dons do Espírito Santo em quem foi regenerado pelo Batismo sacramental ou, ao menos, pelo desejo do Batismo.

Além disso, todos os homens recebem continuamente, no decorrer desta vida, graças atuais, ou seja, os auxílios necessários para desenvolverem o seu cabedal de dons naturais e sobrenaturais, e assim encaminharem-se para o Criador, aperfeiçoando-se e santificando-se. Deus a ninguém deixa de proporcionar tão valiosas dádivas; sob este ponto de vista, portanto, deve-se dizer que *todos têm*, e que *não há quem não possua*...

Acontece, porém, que nem todos os homens se comportam igualmente em resposta à liberalidade divina. Há quem faça — não interessa aqui ponderar se são muitos ou poucos — o devido uso desse patrimônio; vivem como quem realmente "possui" e tem consciência dos valores que possui, procurando zelosamente, dentro das suas possibilidades, lucrar novos valores.

Essas são as almas fervorosas que, permanecendo na graça de Deus, fazem tudo o que fazem por amor a Deus, mobilizando sempre todas as suas energias espirituais a fim de que rendam cada vez mais; tais almas vão granjeando méritos crescentes para a vida eterna, de sorte que realmente nelas se cumpre desde os dias presentes o ditame do Salvador: *A quem possui, dar-se-á mais ainda*.

Os negligentes

Há outros homens que negligenciam o patrimônio espiritual e as dádivas subsequentes que o Criador lhes dá. Vivem como se *não possuíssem*; embora na verdade possuam, abusam dos dons de Deus, comportando-se indiferentemente. Acontece-lhes então o que sucede a todo o ser vivo: se não faz uso do seu potencial de vida ou, mais precisamente, de algum dos seus membros — braço, perna —, este se atrofia e perece.

Com efeito, tais almas tíbias vão perdendo cada vez mais o senso de Deus; a sua consciência se embota progressivamente; alheiam-se mais e mais do influxo da graça divina, de modo a verificar-se nelas a palavra de Cristo: *A quem não tem, até o que tem lhe é tirado*, o que quer dizer: se alguém, efetivamente, possui um patrimônio de dons divinos, mas não vive conforme esse tesouro, o Senhor Deus — que não força a liberdade de ninguém — reconhece tal alheamento, o que vem a ser ocasião de ruína espiritual para essa criatura.

Uma figura ilustra, ao menos em traços gerais, a doutrina: todo o veículo costuma trazer um farol ou uma lanterna que lhe ilumine a estrada durante a noite. Admita-se que a instalação elétrica do carro se ache em perfeito estado e que o motorista nada faça que contrarie o bom funcionamento da iluminação... Não basta isso, porém; se esse homem permitir que sobre o vidro dos faróis se vão depositando a poeira, a lama e as gotas de chuva da estrada, sem as remover, dentro em breve a superfície luminosa estará totalmente opaca; o viajante "terá luz" e "não a terá"; possuirá o foco de luz intacto, sim, mas por se comportar negligentemente para com este ficará na situação de quem não tem luz.

Algo de análogo se dá com as pessoas que vivem descuidadas dos dons que Deus lhes outorgou e outorga; embora não pequem mortalmente, o seu estado de rotina e tibieza torna-se-lhes cedo ou tarde ocasião de ruína espiritual.

A MENSAGEM PROFUNDA

Quem não progride, regride

A doutrina que Jesus propõe nos termos incisivos e aparentemente paradoxais do Evangelho foi constantemente repetida pela Tradição cristã na seguinte fórmula: na vida espiritual, quem não progride em virtude, recua; não é possível ficar paralisado.

Esta afirmativa, desconcertante à primeira vista, torna-se bem compreensível se se leva em conta que a "vida" é algo de essencialmente dinâmico: ou ela se expande normalmente, seguindo a sua evolução própria, ou, caso não se permita isso, tentando-se reduzir o vivente à estagnação, a vida definha e morre, embora não se cometa nenhum atentado direto contra ela.

Perguntar-se-á então: se é assim, que dizer de tantas e tantas almas que, após sinceros exames de consciência, julgam não poder apontar progressos reais na sua vida espiritual? Esforçam-se por progredir no plano sobrenatural, mas recaem constantemente nas mesmas faltas; dir-se-ia que estão paralisadas; nelas não aparece progresso nem, por outro lado, cometem pecados mais graves do que os da sua vida passada.

A essas almas dever-se-á recomendar que não se preocupem demais com a análise das fases da sua vida espiritual, desde que sejam sinceras no emprego dos meios de perfeição. Muitas e muitas vezes o Senhor, visando preservar a humildade dos seus servos, não permite que vejam a virtude que realmente praticam. Julgam então estar enganados, quando na verdade vão adiantando. Se os justos tivessem sempre a consciência da sua ascensão espiritual, correriam o forte risco de perder todo o mérito por um motivo de vaidade e soberba.

Qualquer que seja o resultado de um sincero exame de consciência, será sempre preciso que o cristão saiba que há muito mais caminho a percorrer do que aquele que percorreu até o momento atual. Por isso, na prática, não importa muito saber se houve ou não progresso espiritual no passado; o futuro continua a ser um convite à luta, convite que o Senhor Deus dirige ao discípulo, prometendo-lhe ao mesmo tempo a graça para que possa vencer.

PERSEVERANÇA NA LUTA

Em consequência, o critério a que as almas devem recorrer para averiguar se estão ou não no caminho reto é o da perseverança ou tenacidade na luta em demanda da perfeição espiritual; se alguém puder dizer que, apesar de verificar as suas contínuas deficiências, não desiste de procurar vencê-las, a fim de corresponder ao dom de Deus, esteja certo de que não vai recuando, mas, ao contrário, progredindo.

É São Bernardo (†1153) quem o afirma em termos claros: "O zelo incansável pelo progresso (espiritual) e o esforço contínuo em demanda da perfeição são tidos como perfeição. Se, pois, *tender à perfeição é ser perfeito*, sem dúvida não querer progredir é retroceder. Onde estão, pois, os que costumam dizer: 'Basta-nos, não queremos ser melhores do que os nossos pais'?

— Ó monge, não queres progredir?

— Não.

— Então queres retroceder?

— De modo nenhum.

— Que, pois? Dizes-me: quero viver para mim como me acho, e permanecer na fase a que cheguei; não tolero que me torne pior, nem desejo tornar-me melhor. Assim queres o que é impossível. Pois que coisa neste século é permanente?

Donde claramente se conclui que não querer progredir não é outra coisa do que retroceder.[12]

"Tender à perfeição já é perfeição". Possa esta frase do Santo Doutor servir de reconforto às almas que lealmente procuram santificar-se! No fim desta vida, o Senhor lhes fará ver que a luta perseverante em prol da perfeição espiritual, embora agora pareça frustrada, terá sido altamente meritória *pelo próprio fato de ter sido perseverante*.

Os que buscam a fé

Por último, deve-se acrescentar que análoga norma se aplica ao caso daqueles que, embora digam não ter fé, sinceramente a desejam ter.

12 *Epist.* 254, 3-5.

Enquanto tais pessoas envidam os esforços necessários para chegar à devida clareza no tocante a Deus e à religião, enquanto procuram viver plenamente de acordo com os ditames da sua consciência (na medida em que esta lhes fala), podem estar seguras de que não estão perdendo o tempo, mas, ao contrário, progredindo na direção do seu verdadeiro objetivo; o Senhor não deixará de se lhes manifestar plenamente na época e segundo as modalidades que lhe aprouverem, pois, em verdade, tais almas não procurariam a Deus se de algum modo já não o tivessem encontrado.

É o próprio Senhor Deus quem, por sua graça, suscita e sustenta o zelo dos que se dizem incrédulos ..., mas incrédulos sinceramente desejosos de ter fé! E não o sustenta em vão. "Deus não abandona senão a quem o tenha primeiramente abandonado".[13]

13 Frase de Santo Agostinho, repetida pelo Concilio de Trento (cf. Denzinger, *Enchiridion* 804). Note-se que, mesmo quando abandona alguém, Deus não faz, em última análise, senão respeitar a livre decisão da alma que o rejeitou.

O AUTOR

Dom Estêvão Bettencourt (Rio de Janeiro, 16 de setembro de 1919 - 14 de abril de 2008), batizado Flávio Tavares Bettencourt, foi um dos mais destacados teólogos brasileiros do século XX. Foi também monge da Ordem dos Beneditinos do Mosteiro de São Bento, na cidade do Rio de Janeiro, Brasil. Realizou seus estudos fundamentais no Colégio São Bento do Rio de Janeiro. Entrou para o Mosteiro de São Bento em 1° de fevereiro de 1936. Recebeu o hábito no mês de outubro do ano seguinte, quando realizou seus primeiros votos na sala capitular do mosteiro. Por causa de sua devoção aos mártires da Igreja nascente, foi-lhe dado, como padroeiro monástico, Santo Estêvão. Em novembro de 1937, o abade do Rio de Janeiro, Dom Tomás Keller, considerando a sua inteligência destacada, enviou-o a Roma, para estudar Filosofia no Pontifício Ateneu de Santo Anselmo, onde obteve o grau de bacharel em 7 de novembro de 1939; e o de doutor, em novembro de 1944, com a defesa de sua tese sobre Orígenes. Voltou ao Brasil em 1945.

Torna-se, então, um grande educador, tendo sido professor: na Casa de Estudos dos Beneditinos, na cátedra de exegese (desde 1945); na Universidade Santa Úrsula (1946 e 1980); na Pontifícia Universidade Católica do Rio de Janeiro (1958 a 1961 e 1968 a 1974); na Universidade Católica de Petrópolis (1968 a 1978); no Instituto Superior de Teologia da Arquidiocese do Rio de Janeiro (desde 1985); na Escola Superior de Fé e Catequese *Mater Ecclesiae*; na Escola Luz e Vida de Catequese; no Instituto Pio X do Rio de Janeiro (1957 e 1958).

Foi editor da edição brasileira da revista *Communio* desde sua fundação em 1982, até 2001. Foi diretor e redator da primeira revista sobre apologética católica do Brasil, a *Pergunte e responderemos*, publicação mensal do Mosteiro de São Bento do Rio de Janeiro, desde 1957 até 2008.

ESTE LIVRO ACABOU DE SE IMPRIMIR
A 05 DE SETEMBRO DE 2025,
EM PAPEL PÓLEN BOLD 90 g/m^2.

1365